Hunde Spiele-BOX

1
2
3
4
5
6
Volldampfspiele
8 Ballboxen
Ballboxen verlangt Fitness und Reaktionsvermögen.
➤ Geeignet ist ein leichter Ball, der lange in der Luft bleibt, z. B. ein Wasserball.
➤ Werfen Sie den Ball möglichst so, dass der Hund ihn im Sprung erreicht und mit der Nase zurückboxen kann.
➤ Loben und bestärken Sie ihn nach jeder gelungenen Aktion, besonders wenn der Ball in Ihre Richtung fliegt.
➤ Mit einem Luftballon haben auch weniger sportliche Hunde Erfolg, allzu lange bleibt das Flugobjekt allerdings selten heil.
Hunde Spiele-BOX
dem Hund und Ball in eine
Sackgasse geraten.
Ratgeber, S. 19

Das steht auf der Übungskarte

Auf der Übungskarte finden Sie alle Informationen und Hinweise, um mit Ihrem Hund erfolgreich trainieren zu können. Hier lesen Sie, was die einzelnen Kartenelemente bedeuten.

1 **Farbcode:** Die 52 Übungen sind in drei Spielkategorien unterteilt. Jede Kategorie hat eine eigene Farbe, die Sie auf den Karten und in diesem Begleitbuch wiederfinden:

Volldampfspiele

Spiele für viele

Tricks lernen

2 **Trainingshilfen:** Auf den Umschlagseiten dieses Ratgebers werden die wichtigsten Trainingshilfen vorgestellt. Für jedes Hilfsmittel gibt es ein Symbol. Auf den Karten geben die Symbole an, welche Hilfsmittel Sie für eine Übung brauchen.

3 **Nummer und Bezeichnung der Übung**

4 **Übungsanleitung:** Der Kartentext erläutert Schritt für Schritt, wie Sie die Spiele richtig aufbauen und worauf Sie besonders achten müssen.

5 **Verweis aufs Begleitbuch:** Auf der angegebenen Seite finden Sie im Ratgeber zusätzliche Trainingshinweise, Tipps und Hintergrundinformationen.

6 **Lochung:** Unterwegs mit den Übungskarten trainieren? Ganz einfach: Klappen Sie den Ring des Doggy-Klick auf und hängen Sie die Karten ein. Klicken Sie diesen ganz nach Belieben ans lange oder kurze Umhängeband. Das lange Band kommt um den Hals, das kurze eignet sich prima für die Gürtelschlaufe.

Trainingsgrundlagen

Für ein erfolgreiches Training bringt der Hund einen entscheidenden Vorteil mit: Als Rudeltier ordnet er sich in die Gemeinschaft ein und führt bereitwillig Befehle und Aufgaben des Rudelführers aus. Dieses Kapitel vermittelt Ihnen die wichtigsten Grundlagen für die Trainingspraxis und erleichtert die Arbeit mit den Übungskarten.

Darauf sollten Sie achten

Mensch und Hund sprechen verschiedene Sprachen, aber sie können voneinander lernen und ohne Missverständnisse miteinander kommunizieren. Um Ihren Hund richtig ausbilden und sinnvoll anleiten zu können, müssen Sie sein volles Vertrauen besitzen, seine ungeteilte Aufmerksamkeit gewinnen und ihn zum Mitmachen motivieren.

Eine Frage des Vertrauens

Das Vertrauen Ihres Hundes basiert darauf, dass Sie ihm seine wichtigsten Ansprüche und Grundbedürfnisse erfüllen. Er beansprucht einen festen Platz in der Familie und muss von allen als Familienmitglied akzeptiert werden; er will bei möglichst vielen Aktivitäten dabei sein, um neue Situationen zu erleben und Bekanntschaften zu machen; er braucht ausgiebige Bewegung und regelmäßige Beschäftigung; er fordert Zuwendung und Zärtlichkeit, aber auch die Möglichkeit, sich bei Bedarf in seine Privatsphäre zurückziehen zu können.

Zum Mitmachen motivieren

Die Arbeit mit dem Hund macht nur Sinn, wenn er sich auf die Aufgabe konzentriert und das Lernziel zu erreichen versucht – gleichgültig, ob es dabei um die Grunderziehung, das Agility-Training oder die Ausbildung zum Schutzhund geht.

Das kann Ihr Hund

➤ Er ist ein hervorragender Beobachter, dem selbst kleinste Gesten nicht entgehen. Seinen Besitzer erkennt er auch auf größere Distanz an Körperhaltung und Bewegungsweise.

➤ Er kann sich nicht selten noch nach Jahren an bestimmte Menschen, Tiere und Situationen erinnern. Neben den Verhaltensweisen und Reaktionen sind für ihn dabei vor allem Gerüche und Geräusche von Bedeutung.

➤ Er hat ein phänomenales Ortsgedächtnis. Auf dem täglichen Spazierweg kennt er jeden Baum und Busch, und in der Wohnung würde er sich auch blind zurechtfinden.

➤ Er ist in der Lage, Handlungen oder Signale miteinander zu verknüpfen, die gleichzeitig oder direkt nacheinander ablaufen bzw. gegeben werden (klassische Konditionierung).

➤ Er lässt sich durch Erfolg und Belohnung (→ Kasten) motivieren (operante Konditionierung). Übungserfolg animiert zum Weitermachen, Misserfolg frustriert. Erreicht der Hund das Lernziel mehrmals nacheinander nicht, verliert er das Interesse und ist nicht mehr kooperationsbereit.

→ Bei der Hundeerziehung und -ausbildung macht man sich die Lernformen der klassischen und operanten Konditionierung zunutze. Dabei werden Trainingsziele durch positive Verstärkung

✓ RICHTIG BELOHNEN

✓ Futterhäppchen: möglichst nur bei den ersten Übungseinheiten einsetzen oder als Bonus für besondere Leistung. Sollten nie zum Standard werden.

✓ Streicheln: neben dem Lob die beste und für den Hund wichtigste Anerkennung. Streicheln beruhigt und vermittelt Sicherheit.

✓ Loben: mit leiser und einschmeichelnder Stimme. Stärkt gleichzeitig die Motivitation.

✓ Spielzeug: muss einen hohen Spielwert haben; daher am besten mit Spielsachen, die normalerweise unter Verschluss bleiben.

leichter erreicht als durch Strafen (Verknüpfung mit negativem Reiz). Zudem sitzt das Erlernte besser, während der Hund auf Strafreize oft ängstlich reagiert, was sein Lernvermögen und die Bereitschaft zum Mitmachen hemmt.

Was Ihrem Hund schwerfällt

➤ Er kann sich nicht lange auf eine Sache konzentrieren. Besonders schwer fällt ihm das in fremder Umgebung, im Beisein fremder Menschen oder Artgenossen.
➤ Er ermüdet und verliert das Interesse, wenn er bestimmte Handlungen und Übungen ständig wiederholen soll.
➤ Er versteht es nicht, wenn er für eine frühere Handlung gelobt oder bestraft wird. Beispiel: Er kommt freiwillig zu Ihnen zurück und wird getadelt, weil er weggelaufen war.
➤ Er achtet auf den Tonfall Ihrer Stimme, komplexe und gleichförmig gesprochene Befehle kann er nicht einordnen.
➤ Er ist ein Lauftier. Übungen und Aufgaben, bei denen er still sitzen und abwarten soll, sind für ihn schwieriger als solche, bei denen er rennen und springen darf.

So machen Sie es richtig

➤ Leise Töne. Ihr Hund hört hervorragend: Sprechen Sie ihn in normaler Lautstärke an. Er ist dann besonders aufmerksam und hört konzentrierter zu.
➤ Kurz und knapp. Je kürzer ein Befehl, desto besser versteht er ihn. Geben Sie Kommandos nur in Ausnahmefällen mehr als einmal. Und machen Sie durch die Betonung und den Tonfall klar, was Sie von Ihrem Hund erwarten.
➤ Körpersprache. Der Hund reagiert auf jedes Körpersignal von Ihnen. Was Sie von ihm erwarten und durch Worte ausdrücken, sollten Sie auch durch Ihre Körperhaltung und Gesten deutlich machen.

Anleitung zum Spielen

Spielen soll Spaß machen. Wenn Sie diese Punkte beachten, wird das tägliche Training zum Highlight für Ihren Hund.

Zeitplan einhalten

Trainieren Sie täglich und setzen Sie die Übungen möglichst immer zur gleichen Zeit an, z. B. am frühen Abend. Der Hund darf nicht schläfrig sein oder gerade gefressen haben.

Volle Konzentration

Sorgen Sie dafür, dass er nicht abgelenkt wird, und trainieren Sie mit ihm in vertrauter Umgebung und ohne Zuschauer. Das gilt auch für Spiele mit mehreren Hunden: Machen Sie Ihren Hund mit den Grundübungen vertraut, bevor er dann gemeinsam mit den Artgenossen trainieren darf.

Spielertypen: Wozu gehört Ihr Hund?

◀ **Topathlet**

Balancieren, Hoch- und Weitsprünge, Frisbee, Ballspiele und Agility: Der Supersportler spielt immer am Limit. Er liebt Powerplay und artistische Herausforderungen.

Waldläufer ▶

Hauptsache Natur: Fürs Joggen und Radfahren und auf dem Trimmpfad ist der Waldläufer der ideale Trainingspartner. Suchspiele und Fährtenarbeit sind seine ganze Leidenschaft.

Locker und leicht

Setzen Sie Ihren Hund nicht mit komplexen Aufgaben unter Stress, sondern beginnen Sie mit einfachen Übungen. Maximal 20 Minuten täglich trainieren und Pausen einlegen, in denen er nach Herzenslust herumtollen darf. Belohnungen (→ Seite 6) gezielt und unmittelbar nach der entsprechenden Handlung geben. Mit Tadel sparsam umgehen; dabei ist der Tonfall entscheidend (scharfes „Nein!" oder „Pfui!").

Erfolg macht süchtig

Erfolg ist die beste Motivation. Planen Sie das Training so, dass Ihr Hund die meisten Übungen erfolgreich absolviert. Und beenden Sie den Unterricht mit einem Extrabonus, z. B. dem gemeinsamen Fußballspiel, einem herzhaften Raufspiel oder einem kurzen Waldspaziergang.

◀ **Schlaumeier**

Je kniffliger, desto besser: Simple Tricks wie Pfote geben oder Männchen machen langweilen den Schlaumeier. Er will seine Könnerschaft an echten Kopfnüssen beweisen.

Sofatiger ▶

Für kleine Spiele im Haus oder beim Spaziergang ist er durchaus zu haben. Doch alles, was nach ausgiebiger körperlicher Betätigung aussieht, ist nicht das Ding des Sofatigers.

Spielspaß in jedem Alter

Der Hund hat sich viel von Stammvater Wolf bewahrt. Das gilt jedoch nicht fürs Spielverhalten: Während erwachsene Wölfe kaum mehr spielen, kann man Hunde in jedem Alter für ein Spiel begeistern. Die Lust am Spielen ist Ausdruck dafür, dass der Hund in der Beziehung zum Menschen zeit seines Lebens ein ewiges Kind bleibt.

➤ **Welpe.** Bei Versteck- und Suchspielen erkundet der junge Hund seine Umgebung, in Ball- und Jagdspielen verbessert er Koordination und Reaktionsvermögen, und im spielerischen Raufen lernt er, Rücksicht zu nehmen und seine Zähne behutsam einzusetzen.

! Welpen nicht mit Balancieraufgaben oder Laufspielen auf Treppen überfordern. Tabu sind Tauziehen, Zerrspiele um Beißring und Schmusedecke, Sprünge und das Klettern auf Leitern. Kurze Trainingseinheiten (maximal 5 Minuten).

➤ **Erwachsener Hund.** Je nach Rasse und Veranlagung liebt Ihr Hund bestimmte Spiele besonders (→ Übersicht, S. 42).

! Kein Ausdauersport (Joggen, Rad) im Hochsommer, kein Hürdenlauf oder Sprungtraining (inkl. Frisbee) bei Anfälligkeit für Gelenkschäden (HD), erschwerter Atmung oder ungünstiger Anatomie (überlange Wirbelsäule).

➤ **Älterer Hund.** Spielen hält Oldies fit, weckt neue Lebensgeister und lenkt ab von den Wehwehchen des Alters. Statt anstrengender Ball-, Jagd- und Ausdauerspiele stehen jetzt Versteck- und Suchspiele im Haus, das Training von Tricks und Knuddelspiele ganz oben auf der Wunschliste.

! Das Spiel mit dem älteren Hund hat auch therapeutische Bedeutung. Achten Sie bei jeder Übung darauf, dass sich Ihr Hund nicht überanstrengt. Für alle Spieler – und ganz besonders für Oldies – gilt: kein Training direkt nach dem Füttern. Wichtig: Trinkwasser muss immer verfügbar sein.

Der richtige Spielplatz

➤ **Im Haus.** Für kleine Spiele zwischendurch, für Tricks und Schmusespiele. Wetterunabhängig, keine Ablenkung, räumliche Nähe erleichtert Lern- und Erziehungsspiele. Risiken: Sturzgefahr auf Treppen und glatten Böden, die Einrichtung kann bei wilden Spielen Schaden nehmen.

➤ **Im Freien.** Für Bewegungs- und Versteckspiele, Fährtensuche und für Spiele mit mehreren. Risiken: Jagen von Wild, Weglaufen, Verletzungsgefahr (Straßenverkehr, unbekanntes Gelände, Apportieren von Ästen), Zeckenbisse, Gesundheitsbelastung in der heißen Jahreszeit.

➤ **Im Verein.** Rasse- und Hundesportverein sind der richtige Platz für Gemeinschaftssport und -spiele (Turnierhundsport, Agility). Voraussetzungen: Grundgehorsam, Mindestalter.

GUTES HUNDESPIELZEUG

✓ Bälle: aus Vollgummi, Latex und Naturkautschuk; mit Wurfschlaufe für Weitwürfe beim Apportieren. Snackballs mit einstellbaren Futteröffnungen. Ungeeignet: Bälle aus Weichplastik, die angeknabbert werden können.

✓ Spieltau: aus derber Baumwolle oder reißfestem Nylon. Ideal als Beißtau für Welpen (ebenfalls geeignet: Büffelhautknochen). Zieh- und Wurfringe aus Gummi oder Nylon.

✓ Frisbees, Kongs, Wurfkreuze: aus Gummi, Vinyl, Nylon. Frisbee-Scheibe: weicher Rand schützt vor Verletzung.

✓ Quietschtiere: auf feste Gummihülle achten, damit der eingebaute Tonkörper nicht verschluckt werden kann.

✓ Bringholz: zum Apportieren, in verschiedenen Größen.

Trainieren mit den Übungskarten

Ratgeber und Übungskarten

Die Übungskarten und der Ratgeber gehören zusammen. Auf den folgenden Seiten finden Sie Praxistipps und Zusatzinformationen zu jeder einzelnen Übungskarte. Beschrieben werden u. a. das Trainingsziel und die Voraussetzungen, die Ihr Hund erfüllen sollte. Sie erhalten aber auch Empfehlungen, wie man seinen Hund motiviert und worauf Sie speziell bei dieser Übung achten sollten. Lesen Sie daher bitte stets zuerst den jeweiligen Text, bevor Sie mit dem Training einer Übung beginnen. Die Nummern der Ratgebertexte stimmen mit denen der Übungskarten überein, und wie bei den Karten sind die Texte in „Volldampfspiele", „Spiele für viele" und „Tricks lernen" unterteilt und entsprechend farbig markiert.

Schritt für Schritt zum Lernziel

Die Übungsanleitungen auf den Karten sind so gegliedert, dass Sie sich mit einem Blick über den Trainingsaufbau vom Einstieg bis zum Erreichen des Lernziels informieren können. Hier lesen Sie auch, welches Spielzeug oder Übungsobjekt am besten geeignet ist, wie Sie Ihren Hund vor Verletzungen schützen und Problemsituationen meistern.
Alles Wissenswerte zu den Angaben und Symbolen auf den Übungskarten finden Sie auf Seite 3.

Grünes Licht vom Tierarzt

Wer mit seinem Hund häufig Volldampfspiele trainiert oder an Wettbewerben (z. B. Agility) teilnimmt, sollte ihn vom Tierarzt auf Herz und Nieren untersuchen lassen, um gesundheitliche Probleme (z. B. Skelettschäden) auszuschließen.

1 Apportieren

Trainingsziel: Auf Kommando bringt der Hund einen Gegenstand und legt ihn auf „Aus!“ vor Ihnen ab.
Das kann er schon: Ihr Hund beherrscht die Grundbefehle und reagiert auf Sichtzeichen.
So läuft's leichter: Vor allem junge Hunde schleppen aus eigenem Antrieb Spielsachen und andere Objekte herbei, um den Menschen zum Mitmachen aufzufordern. Wenn die Aktionen mit den entsprechenden Laut- und Handzeichen verknüpft werden, erlernt der Hund das Apportieren fast spielerisch. Wichtig dabei ist, dass Sie die Kommandos direkt vor der jeweiligen Handlung geben. Das gilt auch, wenn Ihr Hund von selbst das macht, was Sie von ihm erwarten: Lässt er z. B. den Ball freiwillig vor Ihnen fallen, geben Sie das Kommando „Aus!“ trotzdem, und zwar möglichst in dem Augenblick, wenn der Ball zu Boden fällt.
Motivationshilfe: Vermeiden Sie alles, was ihn ablenkt. Im Freien sind oft tausend Dinge interessanter als der wartende Mensch oder der Dummy. Für die ersten Übungen ist die Wohnung am besten geeignet. Trainieren Sie anfangs nur auf kurze Distanz, damit er nicht auf dumme Gedanken und Abwege kommt. Trödelt er auf dem Rückweg zu lange, wenden Sie sich ab und nehmen das Objekt nicht an. Lob und Belohnung gibt es nur für promptes Apportieren.
Was Sie brauchen: Apportierobjekte, die Ihr Hund leicht greifen und tragen kann. Ideal sind Bringhölzer, die es in verschiedenen Größen gibt. Vorsicht mit Gegenständen, die zerfleddert (Zeitung) oder zerbissen werden können.
Besonders geeignet für: Außerordentlich apportierfreudig sind Retriever (engl. retrieve = herbringen) wie z. B. Golden oder Labrador Retriever und die Spaniels.

2 Frisbee

Trainingsziel: Absprung und Sprunghöhe richtig zu timen, um die Frisbee-Scheibe im Flug sicher zu fangen.
Das kann er schon: Ihr Hund hat Erfahrung mit Spielen, die Körperbeherrschung und schnelle Reaktion verlangen (Ballboxen → Karte 8, Fußball → Karte 9).
So läuft's leichter: Üben Sie vorab die richtige Wurftechnik: geringes Tempo, stabile Lage der Scheibe, flache Flugkurve.
Was Sie brauchen: Hunde-Frisbees gibt es in vielen Formen und Materialien. Wichtig: Gummirand, der Maul und Zähne schützt. Auch faltbare und schwimmfähige Modelle.
Nicht geeignet für: Hunde mit Skelettproblemen, übergewichtige Tiere, Rassen mit ungünstiger Anatomie wie z. B. langer Wirbelsäule (Dackel) oder Neigung zur Kurzatmigkeit.

3 Laufen am Fahrrad

Trainingsziel: Der Hund läuft frei oder angeleint neben dem Fahrrad, bleibt immer auf gleicher Höhe, stoppt nicht ab und wechselt nicht die Seite.
Das kann er schon: Er ist leinenführig und bleibt auf Kommando auch ohne Leine an Ihrer Seite.
So läuft's leichter: Mit einer am Fahrradrahmen befestigten Springergabel (Fachhandel) haben Sie die Hände frei, und die Gabel dämpft den Ruck, falls Ihr Hund doch einmal unerwartet den Kurs ändern sollte.
Bitte beachten: Nicht durch Marathontouren und forcierte Fahrweise überfordern. Im Hochsommer auf die kühleren Morgen- und Abendstunden ausweichen.

4 Räuber und Gendarm

Trainingsziel: Im Verfolgungsspiel mit Artgenossen oder dem Menschen übernimmt der Hund abwechselnd die Rolle des Jägers und des Gejagten.

Das kann er schon: Er ist sozial verträglich und im Umgang mit anderen Hunden freundlich und friedfertig. Im Spiel mit dem Menschen kennt er seine Grenzen und verweigert auch bei wilden Jagden nicht den Gehorsam.

So läuft's leichter: Fordern Sie Ihren Hund nur zu „Räuber und Gendarm“ auf, wenn er in Spiellaune ist. Mit kleineren Hunden kann man auch in der Wohnung spielen.

Bitte beachten: Ungeeignet für Nachlaufspiele im Haus sind glatte Böden (Parkett, Fliesen) und verrutschende Teppiche. Kinder sollten bei diesen Spielen immer unter Aufsicht sein.

5 Skateboard fahren

Trainingsziel: Kleine Hunde fahren auf dem Skateboard mit, große und kräftige legen sich ins (Brust-)Geschirr und ziehen den Skater hinter sich her.

Das kann er schon: Der Hund hat großes Vertrauen zu seinem Besitzer und schreckt auch vor einer ungewohnten Situation nicht zurück. Voraussetzung für den Zugdienst ist ein stabiler Grundgehorsam.

So läuft's leichter: Gewöhnen Sie Ihren Hund beim Gassigehen ans Brustgeschirr und die Richtungskommandos, bevor Sie zur ersten Fahrt auf dem Brett starten.

Nicht geeignet für: quirlige Vierbeiner, die nicht still sitzen können; Raufbolde und Hunde mit ausgeprägtem Jagdtrieb.

6 Durch den Reifen springen

Trainingsziel: Aus vollem Lauf springt der Hund durch einen Reifen. Der Reifensprung gehört zum Agility-Parcours: Innendurchmesser Agility-Reifen: mind. 38 bis max. 60 cm, Höhe vom Boden 90 cm, bei Mini-Agility 55 cm.
Das kann er schon: Hochsprünge über Hindernisse unterschiedlicher Höhe (Mauer); Weitsprünge (Wassergraben).
So läuft's leichter: Mit dem Reifen auf Bodenhöhe oder knapp darüber vertraut machen; bei Reifen, die an Seilen oder Ketten aufgehängt sind, die Bereiche unterhalb und seitlich davon mit Papier oder Tüchern abdecken, damit Ihr Hund nicht ausweichen kann.
Nicht geeignet für: Hunde mit Gelenkproblemen wie Hüftgelenks- oder Ellbogendysplasie, übergewichtige Tiere.

6 Komm in meine Arme!

Trainingsziel: Der Hund springt auf Kommando in Ihre Arme oder landet an Ihrer Schulter, wo Sie ihn besser abfangen können. Für große Hunde ist die Übung ungeeignet.
Das kann er schon: Ihr Hund lässt sich ohne Gegenwehr hochheben. Beim Kleinhund greift ein Arm unter den Körper, der andere stützt ihn seitlich; einen mittelgroßen Hund umfasst man an der Brust und hinter den Hinterbeinen.
So läuft's leichter: Bei Trainingsbeginn in die Hocke gehen, damit er ohne Anstrengung in Ihre Arme hüpfen kann.
Bitte beachten: Die Übung setzt Gehorsam und eine stabile Rangordnung voraus. Lassen Sie nicht zu, dass er Sie ohne Ihr Kommando und bei jeder Begrüßung anspringt.

7 Slalom durch die Beine

Trainingsziel: Während Sie langsam – später auch schneller – vorwärtsgehen, läuft Ihr Hund abwechselnd von links und rechts im Slalom zwischen Ihren Beinen hindurch.
Das kann er schon: Ein gutes Vortraining ist eine „8“ um die gespreizten Beine des stehenden Menschen. Mit einem Leckerbissen geben Sie Ihrem Hund die Laufrichtung vor.
So läuft's leichter: Slalom lernen verlangt von einem Hund hohe Konzentration. Üben Sie mit ihm alleine ohne Zuschauer und nur dort, wo er nicht abgelenkt wird.
Motivationshilfe: Testen Sie, ab wann Sie auf die Belohnung verzichten können, indem Sie Ihren Hund nur mit der die Laufrichtung anzeigenden Hand führen. In der Lernphase bei jedem Seitenwechsel Kommando „Slalom!“ geben.

7 Über Arme und Beine

Trainingsziel: Der Hund springt über den gestreckten Arm oder das hochgehaltene Bein, ein sprungkräftiger Vierbeiner auch über den Rücken des gebückt stehenden Menschen.
Das kann er schon: Er ist ein geübter und sicherer Springer, der leidenschaftlich gerne über Hindernisse hinwegsetzt.
So läuft's leichter: Auch bei einem guten Springer mit niedrigen Sprunghöhen beginnen und Arm oder Bein tief halten, um Fehlsprünge zu vermeiden. Kollisionen können dazu führen, dass der Hund aus Angst weitere Sprünge verweigert.
Bitte beachten: Sprungerlaubnis nur auf Kommando, damit er nicht auf die Idee kommt, andere Menschen als Hindernisse zu benutzen.

8 | Ballboxen

Trainingsziel: Der geübte Spieler „boxt“ mit der Nase fast jeden Ball zurück, der ihm zugeworfen wird, und vollführt dabei artistische Luftsprünge, um ihn zu erwischen.
Das kann er schon: Er beweist seine Körperbeherrschung und Schnelligkeit auf der Jagd nach Kongs, Bällen und Wurfkreuzen, die unkontrolliert abspringen.
So läuft's leichter: Werfen Sie den Ball im hohen Bogen. Je länger er in der Luft bleibt, desto mehr Zeit hat Ihr Hund zu reagieren. Kleine, schnell fliegende Bälle verleiden Anfängern den Spielspaß, wenn sie kein Erfolgserlebnis haben.
Bitte beachten: Regelmäßig Pausen einlegen. Auf Wiese oder Rasen spielen, wo die Sprünge abgefedert werden. Ballboxen mit mehreren, nur wenn sich die Hunde gut kennen.

8 | Ball-Parcours

Trainingsziel: Ihr Hund treibt den Ball mit Schnauze und Pfoten in Rekordzeit über einen Parcours bis ins Ziel. Umleitungen, Hindernisse, Brücken und Tunnels steigern den Schwierigkeitsgrad.
Das kann er schon: Er weiß, dass er seine Bälle und andere Spielsachen nicht zerbeißen und zerfleddern darf.
So läuft's leichter: Die Technik des Ballstupsens lernt er am besten in einem hindernisfreien Schnupper-Parcours, wo er den Ball über wenige Meter durch einen gerade verlaufenden Gang rollen muss. Am Ziel gibt es die Belohnung.
Bitte beachten: Bleibt der Ball in einer Sackgasse oder Ecke hängen, verliert der Spieler die Lust oder beißt in den Ball.

9 Feldspieler und Torwart

Trainingsziel: Er ist ein waschechter „Fußballprofi", jagt dem mitspielenden Menschen geschickt den Ball ab und pariert zwischen den Torstangen fast jeden Elfmeter.
Das kann er schon: Ihr Hund ist mit Begeisterung bei der Sache, hat aber gelernt, dass er Spielverbot erhält, wenn er über die Stränge schlägt, am Hosenbein zerrt, nach den Schuhen schnappt oder den Ball böse knurrend verteidigt.
So läuft's leichter: Überlassen Sie ihm regelmäßig den Ball und verhalten Sie sich so, als wären Sie seinen Dribbelkünsten nicht gewachsen. Schießen Sie nicht aus nächster Nähe aufs Tor und zielen Sie nicht direkt auf den Torhüter.
Nicht geeignet für: unbelehrbare Rabauken und dominante Rüden, speziell beim Spiel mit Kindern.

10 Balancieren

Trainingsziel: Über dicke Baumstämme laufen ist keine Hexerei, auf schmalen Stegen das Gleichgewicht zu halten, erfordert jedoch viel Mut und Training.
Das kann er schon: Er zeigt keine Angst vor Höhe, wenn er auf einem Podest oder Tisch sitzt oder über eine Treppe mit freiem Durchblick zum Boden laufen soll.
So läuft's leichter: Optische Kontrolle ist wichtig. Lassen Sie Ihrem Hund Zeit, den Laufsteg in Augenschein zu nehmen. Er entscheidet, ob und wann er den Balanceakt wagen will.
Bitte beachten: Vor der Freigabe zum Balancieren Mauern und Brüstungen auf scharfe Kanten, Eisenstreben, Stacheldraht und Glasscherben kontrollieren.

11 Fährtensuche

Trainingsziel: Mit der Nase am Boden folgt der Hund einer Geruchsspur und steuert sicher das Suchobjekt an. Dabei soll er in jeder Situation spurtreu bleiben, auch wenn z. B. eine Wildfährte seinen Weg kreuzt.

Das kann er schon: Ihr Hund hat eine gute Grunderziehung und befolgt zuverlässig jedes Kommando. Das ist vor allem wichtig, wenn er längere Suchstrecken abläuft und dabei aus dem Blickfeld verschwindet.

So läuft's leichter: Beginnen Sie das Fährtentraining in einer Umgebung, mit der Ihr Hund vertraut ist und wo er nicht durch ständig neue Situationen oder eine Vielzahl aufregender Gerüche abgelenkt wird. Gut geeignet ist der eigene Garten, aber auch die gewohnte Gassi-Route. Legen Sie hier anfangs möglichst immer am gleichen Platz eine Spur aus, dann begreift der Hund schnell, was von ihm erwartet wird. Überfordern Sie einen Neuling nicht: Bei Regen, Schnee und gefrorenem Boden, bei großer Hitze und extremer Trockenheit und bei starkem Wind (Fährte wird versetzt) können auch erfahrene Fährtensucher Probleme bekommen.

Motivationshilfe: Je interessanter das Suchobjekt ist, desto bereitwilliger und eifriger geht er auf Schnüffelkurs. Das kann das Lieblingsquietschtier, aber auch ein aufreizend duftender Leckerbissen sein. Am Anfang sollte Ihr Hund bei jeder Übung Erfolg haben, um sein Selbstvertrauen zu stärken und die Lust am Spiel zu steigern. Kommt er einmal vom Weg ab, bringen ihn neu ausgelegte Leckerbissen wieder auf Kurs.

Nicht geeignet für: Windhunde, die sich in erster Linie optisch und nicht mit der Nase orientieren. Fährtensuche mit Hunden mit starkem Jagdtrieb nur an einer (Schlepp-) Leine und nicht in wildreicher Umgebung.

12 Such mich!

Trainingsziel: Den Mitspieler im Versteck aufzustöbern, macht jedem Hund einen Riesenspaß. Versteckspielen stärkt gleichzeitig die Bindung an Halter und Familie.
Das kann er schon: Im Freien sollte er „Hier!", „Fuß!" und möglichst auch „Bleib!" befolgen. Mit Welpen, die noch keine Grunderziehung haben, spielt man in der Wohnung.
So läuft's leichter: Je vertrauter der Hund mit der verschwundenen Person ist, desto eifriger geht er auf die Suche.
Motivationshilfe: Jede Entdeckung sorgt für Begeisterung und motiviert zum Weitermachen. Wählen Sie das Versteck daher immer so, dass der Hund Sie mit Sicherheit findet.
Geeignet für: Ihr Hund muss keine Superschnüffelnase sein, da er sich bei der Suche optisch und nach Gehör orientiert.

13 Objekte finden

Trainingsziel: Versteckte Gegenstände finden. Ein Suchprofi lässt sich weder durch Umwege noch zugedeckte, vergrabene oder hoch über dem Boden deponierte Objekte beirren.
Das kann er schon: Er hat die Lektion „Apportieren" (→ Karte 1) gelernt oder bringt Gegenstände von sich aus herbei – wie etwa die meisten Retriever.
So läuft's leichter: Erste Übungen in der Wohnung, wo er nicht abgelenkt ist und sich voll auf die Suche konzentriert.
Motivationshilfe: Wählen Sie ein Suchobjekt, das ihm gehört (Spielzeug), oder wecken Sie sein Interesse, indem Sie es ihm wiederholt mit den Worten „Ist das nicht toll!" zeigen, ohne es ihm jedoch zu überlassen.

14 Tauziehen

Trainingsziel: Beim Tauziehen mit dem Menschen mobilisiert der Hund alle Kräfte, verhält sich aber nicht aggressiv.
Das kann er schon: Im körpernahen Spiel kennt er seine Grenzen, zeigt kein Dominanzverhalten und befolgt auch in wilden Spielsituationen jedes Kommando des Halters.
So läuft's leichter: Bremsen Sie ab, wenn er über den Boden rutscht, und schleudern Sie ihn niemals am Seil herum.
Was Sie brauchen: Am besten eignen sich Taue aus Jute, Nylon, Sisal oder derben Baumwollstoffen, die er sicher mit den Zähnen festhalten kann.
Nicht geeignet für: dominante und jähzornige Hunde. Tabu ist Tauziehen auch für Welpen. Sie dürfen Baumwolltaue nur beknabbern, um damit die Kaumuskulatur zu kräftigen.

15 Joggen

Trainingsziel: Mehr Spaß zu zweit – Mensch und Hund halten sich beim gemeinsamen Langlauf fit.
Das kann er schon: Er ist leinenführig, und wenn er frei laufen darf, kommt er auf Kommando sofort zurück.
So läuft's leichter: Erste Trainingseinheiten mit Leine absolvieren, auch wenn er aufs Wort hört. Über die Leine können Sie Reaktionen und Tempo besser kontrollieren. Joggen Sie zu Tageszeiten mit wenig Publikumsverkehr. Weicher Untergrund (Waldwege) schont Pfoten und Gelenke.
Geeignet für: siehe Rassenliste (→ S. 42–43)
Nicht geeignet für: übergewichtige Hunde und bei Atem-, Gelenk- oder Kreislaufproblemen.

16 Slalom-Parcours

Trainingsziel: Der Hund meistert einen Stangen-Parcours, wobei er die Tore abwechselnd von links und rechts durchläuft. Slalom gehört zum Agility-Programm (→ Karte 21).
Das kann er schon: Er hat eine gute Grunderziehung und ist leinenführig.
So läuft's leichter: Slalom laufen ist dem Hund nicht angeboren. Er muss gut beobachten und exakt das befolgen, was man von ihm will. Das setzt Vertrauen und enge Bindung an den Menschen voraus. Das Training sollte daher immer von der Bezugsperson des Hundes durchgeführt werden.
Motivationshilfe: Die meisten Hunde sind vor Begeisterung kaum zu bremsen, sobald der Groschen einmal gefallen ist.
Geeignet für: wendige, kleinere bis mittelgroße Hunde.

17 Röhre und Stofftunnel

Trainingsziel: Der Lauf durch Tunnelröhre oder Stofftunnel ist eine Mutprobe (→ Agility, Karte 21).
Das kann er schon: Ihr Hund vertraut Ihnen und schreckt auch vor ungewohnten Situationen nicht zurück. Er läuft und springt ohne zu zögern durch einen Reifen.
So läuft's leichter: Training unbedingt mit stark verkürztem Tunnel beginnen (speziell beim Stofftunnel) und in mehreren Schritten verlängern. Kehren Sie zur vorhergehenden Übung zurück, wenn er verweigert.
Motivationshilfe: Zeigen Sie ihm nach jeder Übung, dass er ein ganz toller Kerl ist, Belohnung inklusive. Beim Training mit voller Tunnellänge nebenherlaufen und anspornen.

18 Schrägwand

Trainingsziel: Eine Rampe hinauf- und hinunterzulaufen, bereitet dem Hund kaum Probleme. Schwieriger wird es, wenn er dabei die Agility-Regeln (→ Karte 21) einhalten und die vorgeschriebenen Kontaktzonen berühren soll.
Das kann er schon: Er kann balancieren (→ Karte 10) und marschiert ohne zu zögern auch über höhere Laufstege.
So läuft's leichter: Stellen Sie sicher, dass er auf der Schrägwand nicht abrutschen kann, und verringern Sie bei einem kleinen Hund die Abstände zwischen den Kletterleisten, um ihm den Auf- und Abstieg zu erleichtern.
Motivationshilfe: Markieren Sie die Kontaktzonen mit einer Signalfarbe und legen Sie hier kleine Leckerbissen aus, wenn er wiederholt schon vor der Kontaktzone abspringt.

18 Wippe

Trainingsziel: Über eine Wippe laufen und nicht zurückschrecken oder seitlich abspringen, wenn das Brett zur anderen Seite kippt (→ Agility, Karte 21).
Das kann er schon: Balancieren und Schrägwand (→ Karte 18, Vorderseite) sind gute Vorübungen.
So läuft's leichter: Führen Sie Ihren Hund an der Leine auf ein Brett, das über einer Stange oder einem Ast liegt, um ihn mit dem instabilen Untergrund vertraut zu machen. Stützen Sie dabei seinen Körper seitlich mit einer Hand ab.
Motivationshilfe: Belohnen Sie ihn jedes Mal, wenn er nicht vorzeitig abspringt, und bleiben Sie bei der höheren Wippe neben ihm, bis er die Kippbewegung ausgelöst hat.

19 Über Treppe und Leiter

Trainingsziel: Jeder Hund sollte ohne Furcht über Treppen laufen. Das Klettern auf eine Leiter trainiert die Körperbeherrschung und stärkt sein Selbstvertrauen.
Das kann er schon: Er hat keine Angst vor Höhe. Evtl. Vorübungen: Balancieren, Schrägwand, auf den Tisch springen.
So läuft's leichter: Nur auf Holz- oder Steintreppe, glatte Stufen (Marmor, Metall) verunsichern den Hund. Trainieren Sie nicht auf offenen und frei schwebenden Treppen. Tabu: Gitterroststufen, die sich schmerzhaft in die Pfoten drücken. Klettern: Holzleiter mit engem Sprossenabstand, kein Metall oder Plastik. Die liegende Leiter muss breite Sprossen haben.
Nicht geeignet für: Rassen mit einer überlangen Wirbelsäule (Dackel, Basset), Welpen.

20 Sprungtraining

Trainingsziel: Auf Kommando springt der Hund über ein Hindernis. Basistraining für Agility (→ Karte 21) und Flyball (→ Karte 25).
Das kann er schon: Er befolgt die Grundbefehle.
So läuft's leichter: Anfangs nur an Hindernissen üben, deren Auflage beim Fehlversuch herunterfällt (Sprunglatte, Styropor). Über natürliche und feste Hürden (Hecke, Zaun, Mauer) sollte auch der geübte Hund nur mit Ihrer Erlaubnis springen. Zuvor immer die Aufsprungzone hinter dem Hindernis auf Scherben, Erdlöcher, spitze Steine kontrollieren.
Geeignet für: körperlich gesunde Hunde. Gesundheitskontrolle beim Tierarzt vor dem Training für Wettbewerbe.

21 | Agility

Trainingsziel: Der Hund bewältigt einen Hindernisparcours. Beim Training im Verein und bei Agility-Wettbewerben läuft der Teampartner Mensch neben den Hindernissen mit.
Das kann er schon: Im Einzeltraining hat er einige Agility-Hindernisse bereits kennengelernt. Für den Vereinssport muss Ihr Hund eine solide Grunderziehung besitzen und sozial verträglich sein. Die Teilnahme an Turnieren setzt eine bestandene Begleithundprüfung voraus.
So läuft's leichter: Mit 3–4 Hindernissen beginnen, für die sich Ihr Hund besonders begeistert. Ändern Sie ab und zu die Hindernisfolge, um neue Bewegungsabläufe zu trainieren. Ein Mini-Parcours passt auch in die Wohnung.
Was Sie brauchen: Wer nach Agility-Regeln trainieren will, muss bestimmte Hindernisgrößen einhalten. Mauer und Viadukt: Höhe 75 cm; Tisch: Höhe 75 cm, Größe max. 120 x 120 cm; Reifen: Höhe bis Reifenmitte 90 cm, Durchmesser 38–60 cm; Kleinhürden: max. 4 in Folge, Höhe bis 30 cm; Wassergraben: Breite 120 cm; Weitsprunghindernis: 4–5 Elemente, max. Weite 150 cm, max. Höhe 28 cm; Slalom: 8–12 Stangen, Stangenhöhe mind. 100 cm, Abstand 50–65 cm; Schrägwand: höchster Punkt 170–190 cm, Breite mind. 90 cm, Höhe Kontaktzonen bis 106 cm; Laufsteg: Länge 360–420 cm, Höhe 120–135 cm, Stegbreite 30–40 cm; Wippe: Länge 365–425 cm, Höhe 60–70 cm, Länge Kontaktzonen 90 cm; fester Tunnel: Länge 360 cm, Innendurchmesser 60 cm; Stofftunnel: Rahmenhöhe und -breite je 60 cm, Länge Stoffteil 300 cm; Pausenviereck (Haltezone): 120 x 120 cm.
Geeignet für: Hunde jeder Größe (Mini-Agility bis 40 cm Widerrist) und jedes Alters (Programme für junge und ältere Tiere). Verschiedene Leistungsklassen (Agility 1, 2 und 3).

22 | Spiele im Wasser

Trainingsziel: Mit anderen Hunden im Wasser herumtollen, Wasserball spielen oder Dummys ans Ufer bringen.
Das kann er schon: Er hat früh gelernt, sich in eine Gruppe zu integrieren (z. B. in der Welpenspielschule), und verhält sich im Spiel mit seinen Artgenossen nie aggressiv.
So läuft's leichter: Bei Wasserspielen geht es oft hoch her. Unter Hunden, die sich gut kennen (z. B. durch gemeinsame Spaziergänge), kommt es nur selten zu Unstimmigkeiten.
Bitte beachten: Nicht in unbekannten und verbotenen Gewässern (Schilder beachten) oder dort, wo Wasservögel leben. Steile Ufer erschweren den Ausstieg. Schubsen Sie den Hund nie gegen seinen Willen ins Wasser. Schutz vor Erkältung: Bei kaltem Wetter muss er nach dem Bad in Bewegung bleiben.

23 | Ballspiele

Trainingsziel: Im Kampf um den Ball dürfen sich alle so richtig austoben. Dabei gilt die Devise „Fair geht vor!".
Das kann er schon: Er ist ein begeisterter Ballspieler. Beim Fußballspiel setzt er sich geschickt mit Pfoten und Schnauze in Szene, und beim Ballboxen hat er immer die Nase vorn.
So läuft's leichter: Ein großes, ebenes Spielfeld (Rasen, Wiese) verhindert, dass die Spieler im Eifer des Gefechts im Abseits landen und sich verletzen. Ballspiele immer unter Aufsicht, um allzu ungestüme Aktionen zu stoppen. Wildes Knurren, Kläffen und Bodychecks sind allerdings erlaubt.
Bitte beachten: Sie selbst sollten nur dann mitspielen, wenn Sie alle Hunde gut kennen.

24 Drunter und drüber

Trainingsziel: Im freien Sprung setzt Ihr Hund über einen oder mehrere Artgenossen oder macht sich klein, um unter ihnen hindurchzukriechen.
Das kann er schon: Er springt auf Kommando durch Reifen, über Hürden oder die Beine und Arme seines Besitzers (→ Karte 7) und kriecht geschickt durch Tunnels (→ Karte 21).
So läuft's leichter: „Drunter und drüber" sollte nur mit ausgeglichenen und miteinander befreundeten Tieren geprobt werden. Die „lebenden Hindernisse" durch leises Ansprechen besänftigen oder mit Leckerbissen ablenken, damit sie in der gewünschten Position stehen bleiben.
Bitte beachten: Bei Kriechübungen muss der stehende Hund deutlich größer sein als sein Übungspartner.

25 Flyball

Trainingsziel: Ihr Hund apportiert einen Ball, der von der Flyballmaschine ausgespuckt oder ihm von einem Helfer zugeworfen wird, und bringt ihn zu Start/Ziel zurück. Auf dem Hin- und Rückweg überwindet er mehrere Hürden. Nach Passieren der Ziellinie startet der nächste Mitspieler.
Das kann er schon: Objekte apportieren und in der Luft fangen, Hürdenlaufen.
So läuft's leichter: Zu Beginn nur mit einem Hund und ohne Hürden üben, später den Spielablauf im Team mit zwei Spielern trainieren (bei Wettbewerben besteht jedes Team aus vier Mitspielern). Den wartenden Spieler anfangs festhalten, damit er dem Teamgefährten nicht hinterherrennt.

26 | Graben und buddeln

Trainingsziel: Mit Buddelspielen und Buddelplätzen, an denen er ungestraft wühlen darf, verhindern Sie, dass sich Ihr Hund an unerwünschten Orten als Erdarbeiter betätigt.
Das kann er schon: Hunde sind Individualisten – auch bei ihren Grabungsaktivitäten. Manche buddeln nur selten und ohne Ausdauer, andere pflügen regelmäßig den Garten um.
So läuft's leichter: Für die Meute ist es das Highlight des Gruppenspaziergangs, wenn alle gemeinsam nach kleinen Leckerbissen wühlen dürfen, die an bestimmten Stellen in lockerer Erde oder unter dem Laub versteckt sind.
Motivationshilfe: Auch Buddelmuffel kommen auf den Geschmack, wenn sie ein leckeres Überraschungspaket oder den in Packpapier eingewickelten Kauknochen auspacken.

27 | Und raus bist du ...

Trainingsziel: Mensch und Hund bilden ein Team. Mehrere Teams laufen im Kreis und müssen auf Kommando ein Kissen, eine Decke oder einen Stuhl besetzen. Da es aber in jeder Spielrunde einen Platz weniger als Mitspieler gibt, gilt es blitzschnell zu reagieren, sonst ist man raus …
Das kann er schon: Er versteht sich mit seinem Menschen nahezu blind und befolgt Befehle ohne Zeitverlust.
So läuft's leichter: Noch mehr Spaß macht die „Reise nach Jerusalem“ mit Musik. Viele Hunde reagieren auf die Musikunterbrechung sogar schneller als auf die Kommandos.
Motivationshilfe: Gemeinsam Spaß haben lautet das Motto. Alle sind Sieger, und jeder Hund wird am Spielende belohnt.

28 Jagdspiele

Trainingsziel: Bei Jagd- und Verfolgungsspielen mit den Artgenossen geht die Post ab. Ihr Vierbeiner sollte ein Vorbild sein und auch bei der wildesten Hatz friedlich bleiben.
Das kann er schon: Er hat von Jugend auf regelmäßig Kontakt mit anderen Hunden und begegnet ihnen selbstbewusst und angstfrei.
So läuft's leichter: Mit dem besten Kumpel gibt es nie Probleme, ihm überlässt man sogar freiwillig den eigenen Ball. Um Besitzansprüche und Eifersüchteleien zu vermeiden, sollten Sie auf das Lieblingsspielzeug Ihres Hundes jedoch verzichten, wenn fremde Hunde mitspielen.
Bitte beachten: Werfen Sie ein Auge auf die Kleinen, damit die dicken Rambos sie nicht über den Haufen rennen.

29 Vor Schlitten und Wagen

Trainingsziel: Solo oder im Gespann den Schlitten oder Wagen ziehen. Vor Fahrrad und Skateboard verlangt der Zugdienst eine perfekte Harmonie zwischen Mensch und Hund.
Das kann er schon: Er kennt und befolgt alle Grundbefehle, ist leinenführig und an das Brustgeschirr gewöhnt.
So läuft's leichter: Gespannfahren nur mit Hunden, die sich gut verstehen und möglichst auch zusammenleben. In Größe, Körperkraft und Temperament sollten sie sich nur wenig unterscheiden. Ein Leithund, der die Führungsarbeit leistet, ist lediglich bei größeren Gespannen nötig.
Nicht geeignet für: Kleine Hunde sind selbst mit einem Kinderschlitten oder dem Spielzeugwägelchen überfordert.

30 | Die Pfote geben

Trainingsziel: Auf das Kommando „Gib Pfote!“ legt der Hund seine Pfote in die offene Hand des Menschen.
Das kann er schon: Das Heben der Vorderpfote gehört zum Verhaltensrepertoire des Hundes. Eingesetzt wird es meist als Bitte um Aufmerksamkeit und Zuwendung, aber auch zur Beschwichtigung.
So läuft's leichter: Der Lernerfolg stellt sich sehr schnell ein, wenn Sie das Kommando immer genau in dem Moment geben, wo er seine Pfote von selbst hebt.
Motivationshilfe: Eine Belohnung ist schon nach kurzer Zeit nicht mehr nötig, weil fast alle Hunde gerne Pfote geben. Statt auf den Befehl können Sie Ihren Hund auch allein auf ein Sichtzeichen (offene Handfläche) trainieren.

30 | Winken und abklatschen

Trainingsziel: Zum „Winken“ hebt der Hund seine Pfote mehrmals kurz hintereinander, beim Abklatschen trifft sie auf die senkrecht gehaltene Handfläche des Menschen.
Das kann er schon: Er hat gelernt, auf Kommando die Pfote zu geben (→ Karte 30, Vorderseite).
So läuft's leichter: Anfangsübungen beim Winken mit dem Befehl „Gib Pfote!“ trainieren (dabei aber Hand wegziehen), später jedoch mit eigenem Befehl (z. B. „Winke winke!“) belegen, damit „Gib Pfote!“ fürs Pfotengeben reserviert bleibt.
Bitte beachten: Für das Abklatschen ist kein eigenes Lautzeichen nötig, da es lediglich eine Variante des normalen Pfotengebens darstellt.

31 | Männchen machen

Trainingsziel: Der Hund setzt sich auf die Hinterbeine und richtet den Vorderkörper auf. Kleinen Hunden mit kurzem, quadratisch gebautem Körper fällt Männchen machen leicht und sie können relativ lange in dieser Position verharren.
Das kann er schon: Viele Hunde machen von sich aus Männchen, um den Menschen auf sich aufmerksam zu machen oder einer Forderung Nachdruck zu verleihen.
So läuft's leichter: Ein großer und schwerer Hund muss meist Schwung holen, um in die Senkrechte zu kommen. Stützen Sie ein Vorderbein ab, um ihm Halt zu geben.
Bitte beachten: Brechen Sie das Training ab, wenn sich Ihr Hund dabei unsicher und unwohl fühlt. Übungsverbot für Hunde mit Gelenkproblemen (z. B. Hüftgelenksdysplasie).

31 | Auf zwei Beinen stehen

Trainingsziel: Der Hund stellt sich aus sitzender Haltung auf die Hinterbeine, oder er macht Männchen und richtet sich dann aus dieser Position weiter auf.
Das kann er schon: Er setzt sich auf die Hinterbeine.
So läuft's leichter: Männchen machen klappt auf engstem Raum. Soll Ihr Hund hingegen auf den Hinterbeinen stehen, muss er genügend Platz für Ausgleichsschritte haben, mit denen er seine Position stabilisiert.
Motivationshilfe: Viel Lob und lautstarkes Anfeuern.
Bitte beachten: Bewegungslos auf zwei Beinen können nur wenige Hunde stehen; besser geht es, wenn sie sich dabei drehen (→ Dog Dancing, Karte 32) oder vorwärtslaufen.

32 | Dog Dancing

Trainingsziel: Dog Dancing beinhaltet ein breites Spektrum an Sprüngen, Drehungen und Tanzschritten. Der Hund soll dabei jede Übung im Takt der Begleitmusik ausführen.
Das kann er schon: Er hat eine stabile Grunderziehung, evtl. macht er Männchen oder stellt sich auf die Hinterbeine.
So läuft's leichter: Testen Sie, für welche Elemente des Dog Dancings sich Ihr Hund am besten eignet und woran er am meisten Spaß hat. Dazu gehören u. a. Beinslalom, Sprünge durch die Arme und über Bein und Rücken, Drehungen um die eigene Achse, Rolle seitwärts, Apportieren, Winken und das Tanzen auf den Hinterbeinen.
Motivationshilfe: Holen Sie sich bei Dog-Dancing-Turnieren und -Shows Anregungen fürs eigene Training.

32 | Rückwärtsgehen

Trainingsziel: Auf das Kommando „Zurück!" macht der Hund einige Schritte rückwärts. Das ist z. B. nützlich, wenn er direkt vor einer Tür steht, die sich zu ihm hin öffnet.
Das kann er schon: Er ist sehr aufmerksam und folgsam und hat eine enge Bindung an seinen Besitzer.
So läuft's leichter: Ihr Hund sollte leinenführig sein, da er bei einem Übungsschritt an die Leine genommen wird.
Motivationshilfe: Lassen Sie ihm Zeit, damit er sich in der für ihn nicht alltäglichen Situation zurechtfinden und die ungewohnte Rückwärtsbewegung ausführen kann.
Bitte beachten: Er sollte stets nur wenige Schritte rückwärtsgehen, weil er sonst seitlich auszubrechen versucht.

33 | Toten Hund spielen

Trainingsziel: Auf Ihr Laut- oder Handzeichen hin lässt sich der Hund auf die Seite fallen und bleibt mit gestrecktem Körper möglichst bewegungslos liegen.
Das kann er schon: Er macht auf Kommando Platz.
So läuft's leichter: Ein quirliger oder nervöser Hund sollte vor Trainingsbeginn überschüssige Energien bei Spiel und Sport abbauen, darf danach allerdings nicht so müde sein, dass er Ihren Anweisungen nicht mehr aufmerksam folgt.
Motivationshilfe: Auch Teilerfolge werden belohnt, z. B. wenn er sich bereitwillig hinlegt, aber den Kopf noch hebt.
Bitte beachten: Soll er allein auf Handzeichen reagieren, darf es nicht bereits für andere Befehle benutzt werden, wie etwa die flache Hand als Down-Zeichen für „Platz!".

33 | Mach die Rolle!

Trainingsziel: Aus der gestreckten Seitenlage rollt sich der Hund über den Rücken ab.
Das kann er schon: Auf Kommando oder Handzeichen markiert er den „toten Hund".
So läuft's leichter: Verlegen Sie die Übungen auf Rasen oder Wiese, wenn Ihr Hund mit der Rolle auf glatten Böden Probleme hat, weil er dabei seitlich wegrutscht.
Motivationshilfe: Führen Sie den Leckerbissen langsam über den Kopf des Hundes, damit er ihn möglichst lange im Blick hat und fast automatisch die Körperdrehung folgen lässt.
Bitte beachten: Wie beim „toten Hund" kann die Rolle auch auf ein Zeichen erfolgen, z. B. schnelles Drehen der Hand.

34 | Käse schnippen

Trainingsziel: Der Hund hebt ruckhaft den Kopf, schleudert dabei einen auf seiner Schnauze liegenden Leckerbissen in die Luft und fängt ihn mit geöffnetem Maul.
Das kann er schon: Er hat eine gute Grunderziehung und führt zuverlässig die Befehle „Platz!“ und „Bleib!“ aus.
So läuft's leichter: Als Objekte eignen sich Käsewürfel oder kleine Biskuits. Ein aufregend duftendes Fleischhäppchen unmittelbar hinter seiner Nase verwirrt Ihren Hund und verlangt von ihm mehr Zurückhaltung, als er aufbringen kann.
Motivationshilfe: Mit jedem aufgefangenen Happen belohnt er sich selbst. Was danebengeht, erhält er nicht.
Nicht geeignet für: Hunde mit kurzer oder sehr schmaler Schnauze (z. B. Boxer, Boston Terrier, Mops, Chihuahua).

34 | Blinde Kuh spielen

Trainingsziel: Auf das Kommando „Blinde Kuh!“ wischt Ihr Hund mit der Pfote über die Augen.
Das kann er schon: Er ist sehr aufmerksam und lernfreudig und hat ein enges Vertrauensverhältnis zu seinem Besitzer.
So läuft's leichter: Die Wischbewegung lässt sich mit einem Haftstreifen („Post-it“) auslösen, der an der Schnauze angebracht wird. Üben Sie jeweils nur kurze Zeit und sparen Sie dabei nicht mit Lob und Belohnung. Ihr Hund darf auf den Fremdkörper in seinem Fell nicht frustriert reagieren.
Bitte beachten: „Blinde Kuh“ eignet sich nur für Hunde, die sehr schnell begreifen, was man von ihnen verlangt. Brechen Sie die Übung ab, wenn Ihr Hund nicht freiwillig mitmacht.

35 | Memory

Trainingsziel: Ihr Hund beobachtet, wie Sie einen Gegenstand in eines von mehreren Verstecken legen, und findet ihn selbst dann, wenn die Verstecke verschoben oder vertauscht werden. Memory spielen ist darüber hinaus auch ein gutes Gedächtnistraining, wenn er sich erst nach einer Wartezeit auf die Suche machen darf oder zwischendurch mit anderen Aufgaben abgelenkt wird.

Das kann er schon: Sie haben mit ihm Apportieren trainiert (→ Karte 1), und er sucht auf Kommando versteckte Gegenstände (→ Karte 13). Dabei hat er eventuell auch gelernt, bestimmte Objekte herbeizubringen und alle anderen unbeachtet zu lassen.

So läuft's leichter: Memory spielen verlangt volle Konzentration. In fremder Umgebung klappt das selten, speziell für die ersten Tests ist die vertraute Wohnung der richtige Platz. Erfolgserlebnisse halten Ihren Hund bei der Stange: Steigern Sie den Schwierigkeitsgrad erst, nachdem er eine Aufgabe mehrfach sicher gelöst hat. Und drängen Sie ihn nicht zum Mitmachen, wenn er sichtbar lustlos ist.

Motivationshilfe: Memory zu zweit macht noch mehr Spaß und spornt zusätzlich an. Geeignet aber nur für Hunde, die sich gut kennen und am besten unter einem Dach leben.

Was Sie brauchen: Kartons, Kisten und Boxen in den verschiedensten Farben und Mustern oder ein interaktives Spiel wie z. B. das Hütchenspiel „Klurig“ (im Fachhandel).

Bitte beachten: Setzen Sie für die Memory-Übungen möglichst immer die gleiche Tageszeit an. Ihr Hund sollte dabei hellwach sein. Voller Bauch denkt schlecht: kein Spiel nach den Mahlzeiten, wenn ihm der Sinn eher nach einem Verdauungsschläfchen steht.

36 Der ordentliche Hund

Trainingsziel: Der ordentliche Hund sammelt sein Spielzeug ein und legt es in die Spielkiste. Im Freien kann man das Aufräumspiel auch mit mehreren Hunden trainieren. Dabei schaut der eine vom anderen ab, wie's gemacht wird. Als Sammelobjekte eignen sich u. a. Fallobst, Äste, Tannenzapfen.
Das kann er schon: Apportieren (→ Karte 1)
So läuft's leichter: Ideal sind Spielkisten in kräftigen Signalfarben, die Ihr Hund schon nach wenigen Übungen mit der Aufräumaktion in Verbindung bringt.
Motivationshilfe: Anfangs jeden Gegenstand belohnen, der in die Kiste fällt. Was danebengeht, wird wieder ausgelegt.
Bitte beachten: Nicht zusätzlich animieren sollten Sie einen sammelwütigen Hund, der jede Kiste zur Ablage benutzt.

37 Auf den Tisch springen

Trainingsziel: Auf „Hopp!" springt Ihr Hund auf einen Tisch und bleibt dort, bis er ihn auf Ihr Kommando wieder verlassen darf. Als sogenannte Haltezone gehört der Tisch auch zu den Hindernissen des Agility-Parcours (→ Karte 21).
Das kann er schon: Er befolgt „Bleib!", und Sie haben mit ihm Sprünge über Hindernisse (→ Karte 20) oder durch den Reifen (→ Karte 6) trainiert.
So läuft's leichter: Dicht hinter dem Tisch stehen bleiben, bis er gelernt hat, seinen Sprung so zu kontrollieren, dass er sicher in der Mitte des Tischs landet.
Bitte beachten: Jeder Hund muss daran gewöhnt sein, auf dem Tisch zu stehen. Wichtig beim Tierarzt, zur Fellpflege etc.

38 Wie spricht der Hund?

Trainingsziel: Der Hund gibt auf Kommando Laut, und er hört auf zu bellen, wenn Sie ihm „Still!“ oder „Aus!“ befehlen.
Das kann er schon: Er hat eine gute Grunderziehung, erkennt Sie als Rudelführer an und befolgt Ihre Kommandos.
So läuft's leichter: Beschränken Sie das tägliche Training auf wenige kurze Übungen. Bellt er häufig und lange, kann sich sein Bellen so sehr verselbstständigen, dass er bei jeder passenden (und unpassenden) Gelegenheit anschlägt.
Bitte beachten: Bei einem ohnehin lautstarken Hund ist es besonders wichtig, dass er auf „Aus!“ den Mund hält. Lenken Sie ihn mit einem Spielangebot ab oder geben Sie ihm sofort einen anderen Auftrag (z. B. Apportieren), falls der Befehl keine Wirkung zeigt.

38 Mach den Diener!

Trainingsziel: Ihr Hund weiß sich zu benehmen und macht auf Wunsch eine höfliche Verbeugung. Dabei senkt er den Vorderkörper ab, reckt das Hinterteil in die Höhe und schaut sein Gegenüber auffordernd an.
Das kann er schon: Die Fähigkeit, sich zu verbeugen, ist Hunden angeboren. In dieser Haltung fordern sie sowohl Artgenossen wie auch den Menschen zum Mitspielen auf.
So läuft's leichter: Üben Sie den Trick zu einer Tageszeit, wo Sie ohnehin mit ihm spielen und er in Spiellaune ist.
Bitte beachten: Lassen Sie Ihren Hund nicht allzu oft den Diener machen. Bei jeder Verbeugung erwartet er, dass man mit ihm spielt, und ist frustriert, wenn das nicht passiert.

39 | Die Zeitung holen

Trainingsziel: Ihr Hund ist stolz, wenn er Aufträge erledigen kann und dafür von Ihnen gelobt wird. Täglich die Zeitung holen zu dürfen, ist für ihn ein ganz besonderes Ereignis.
Das kann er schon: Er apportiert und hat gelernt, auf Kommando ganz bestimmte Gegenstände zu bringen.
So läuft's leichter: Der Weg vom Briefkasten oder der Haustür sollte nicht zu lang sein, damit der Bote unterwegs nicht auf dumme Gedanken kommt und die Zeitung zerfleddert oder etwas Interessantes entdeckt und den Auftrag vergisst.
Bitte beachten: Auch wenn Ihr Hund Türen öffnen kann, sollten die Wohnungstüren beim Zeitungholen offen stehen. In der Eile hinterlassen seine Krallen sonst möglicherweise unschöne Kratzer an der Tür.

39 | Auf die Klingel drücken

Trainingsziel: Sie sagen „Klingeling!" und Ihr Hund drückt auf die Türklingel. Was wie ein Zirkustrick aussieht, kann man ihm relativ leicht beibringen.
Das kann er schon: Er führt Kommandos zuverlässig aus, ist lernfreudig und hat Spaß an einer neuen Herausforderung.
So läuft's leichter: Sowohl Tisch- wie Türklingel sollten großflächige Schalter besitzen, die der Hund mit der Pfote nicht verfehlen und leicht drücken kann. Modelle mit Kipp- oder Wippschaltern sind weniger geeignet.
Bitte beachten: Einschalten des Lichts nur mit einem bestimmten Schalter üben, damit Ihr Hund nicht auf die Idee kommt, überall im Haus das Licht an- und auszuknipsen.

40 | Spiele für Leckermäuler

Trainingsziel: Im Spiel mit einem Snack- oder Futterball lernt Ihr Hund, wie er ihn drehen und schubsen muss, um an die Leckerbissen zu kommen.
Das kann er schon: Er braucht nicht immer den Menschen oder einen Artgenossen als Spielpartner, sondern beschäftigt sich auch gerne mit Solospielen.
So läuft's leichter: Demonstrieren Sie ihm, wie der Futterball funktioniert, falls er noch nie einen gesehen hat.
Geeignet für: Hunde, die vom Ball und dem Klickergeräusch fasziniert sind und es nicht nur aufs Futter abgesehen haben.
Bitte beachten: Futter- und Snackbälle sollten Sie Ihrem Hund nicht regelmäßig, sondern eher als Belohnung (z. B. nach erfolgreichem Training) anbieten.

40 | Sanft aus der Hand

Trainingsziel: Ihr Hund schnappt nicht gierig nach dem Leckerbissen, den Sie ihm mit der Hand anbieten, sondern ergreift ihn ganz behutsam mit den Zähnen.
Das kann er schon: Er weiß, dass er gelobt wird, wenn er sich dem Menschen gegenüber vorsichtig und sanft verhält.
So läuft's leichter: Setzen Sie die Übungen immer erst nach der Fütterung an. Kein Training, solange er hungrig ist!
Motivationshilfe: Verhält er sich im Training vorbildlich, gibt es danach für gutes Benehmen ein Extrahäppchen.
Bitte beachten: Besonders wichtig ist das sanfte Aus-der-Hand-nehmen, wenn Kinder oder fremde Personen Ihrem Hund einen Leckerbissen hinhalten.

Was kann mein Hund am besten?

Rasse	Spiel und Sport
Afghane	Lauftraining, Joggen (nur mit Leine!)
Airedale Terrier	Ballspiele, Suchen, Apportieren, Tricks
Basset	kleine Spiele im Haus und unterwegs
Beagle	alle Spiele, besonders gern mit Kindern
Bearded Collie	lernt auch komplexe Spiele sehr schnell
Berner Sennenhund	Zugdienst; nicht allzu lauffreudig
Bobtail	verspielt; idealer Partner der Kinder
Border Collie	Laufspiele, Agility, Denksport
Boxer	immer Volldampf, möglichst mit Ball
Chihuahua	Tricks, Objekt- und Personensuche
Collie	Joggen, lange Radtouren
Dackel	Apportieren, Tricks; häufig eigensinnig
Dalmatiner	ausdauernder Langstreckenläufer
Deutsche Dogge	Lauf- und Suchspiele
Dobermann	Bewegungsspiele; braucht feste Hand
Eurasier	Denkspiele, Suchen; lernt sehr leicht
Foxterrier	Springen, Ballspiele, Apportieren, Tricks
Golden Retriever	Apportieren, Schwimmen; liebt Kinder
Hovawart	Bewegungs- und Suchspiele, z. T. Agility
Irish Setter	Joggen, Radfahren, Turnierhundsport
Jack Russell Terrier	Bewegungsspiele, Tricks; Kinderfreund
Kromfohrländer	Laufspiele, Tricks, Agility; lernt leicht

Afghane: laufstark

Foxterrier: pfiffig

Boxer: ballverliebt

Kuvasz	Suchspiele; Unterordnung wichtig
Labrador Retriever	Apportieren, Schwimmen; liebt Kinder
Mops	Spiele im Haus, Objektsuche, Tricks
Neufundländer	Schwimmen, Knuddelspiele
Pekingese	Tricks, kleine Spiele; sehr eigenwillig
Pinscher	Agility, Turnierhundsport, Tricks
Pudel	Lauf- und Denkspiele, Tricks; kinderlieb
Rottweiler	Suchen, Apportieren; braucht Aufgaben
Schäferhund	Multitalent für jede Spiel- und Sportart
Schnauzer	liebt wilde Spiele und Leistungssport
Scottish Terrier	kleine Spiele im Haus; eigenwillig
Siberian Husky	Zugdienst vor Schlitten und Wagen
Spitz	Suchspiele, Denkspiele, Tricks; lerneifrig
West Highland	Tricks, Suchen; großes Herz für Kinder
Yorkshire Terrier	Spiele im Haus, Tricks

Keine wilden Spiele!

Dackel, Basset, Pekingese: anfällig für Bandscheibenvorfall
English Bulldog, Mops: Atemprobleme (Aufregung, Hitze)
Berner Sennenhund, Bernhardiner, Dogge und andere große Rassen: Hüftgelenks- und Ellbogendysplasie
Yorkshire Terrier: Kniescheiben- und Ellbogenluxation

Register

Die Zahlen verweisen auf Seitenzahlen im Begleitbuch, **halbfett** gesetzte Seitenzahlen auf Abbildungen. U = Umschlagseite

Die schönsten Spielsachen

Apportierball	aus Polyethylen, mit Wurfgriff für weite Würfe, Durchmesser ca. 20–25 cm
Leuchtball	leuchtet im Dunkeln
Teaser-Ball	ein Innenball sorgt für unberechenbares Flug- und Rollverhalten; schwimmt
Verrücktes Ei	Spielball in Eiform
Rugby-Ball	Kautschukball in Sternform
Gummiball	aus Moosgummi, ab 6 cm Durchmesser
Noppenball	Gummiball mit Noppen; reinigt die Zähne und massiert das Zahnfleisch
Schleuderball	mit Wurfschlaufe für Weitwürfe
Kong	Naturkautschuk, ideal zum Apportieren, in verschiedenen Größen, auch für Welpen
Wurfkreuz	springt in verschiedene Richtungen
Nylon-Frisbee	faltbares Frisbee aus Nylon
Quietsch-Frisbee	Frisbee-Modell mit Squeeker (Geräuschmodul), erzeugt Töne
Wasserring	schwimmender Spielring zum Apportieren
Baumwolltau	unverwüstliches Spieltau; pflegt die Zähne und stärkt die Kaumuskulatur
Nylontau	Spezialtau für Zieh- und Zerrspiele
Interaktives Spielzeug	Spielgeräte, bei denen verborgene Leckerbissen entdeckt werden müssen; Kombination aus Geschicklichkeits-, Such- und Schnupperspiel

Der Autor

Dr. Gerd Ludwig ist freier Journalist und Zoologe. Für den Gräfe und Unzer Verlag hat er mehrere Ratgeber über Hunde geschrieben, u. a. „Mit dem Hund spielen und trainieren“ und das „Praxishandbuch Hunde“.

Dank, Bildnachweis und Impressum

Der Fotograf: Oliver Giel hat sich erfolgreich auf Natur- und Tierfotografie spezialisiert. Neben Bildproduktionen für Bücher und Zeitschriften betreut er auch Kalender- und Werbeproduktionen rund um die Themen Tier und Natur. Alle Fotos zu dieser Box stammen von Oliver Giel mit Ausnahme von: Alsa-Hundewelt: U3-li-o, U3-li-u; NHPA (Janes): Cover Box und U1; Schanz: Karte 21-2, Seite 43-mi; Steimer: Karte 21-3, Seite 9-re, 43-li, 43-re, U2-li-o, U2-re-o, U2-re-u, U3-re-o, U3-re-u; TBK-Media: Karte 21-1.

Dank: Autor und Verlag danken Herrn Horst Hegewald-Kawich für die fachliche Begutachtung, und der Firma Alsa-Hundewelt für Bildmaterial.

Wichtiger Hinweis
Die Daten und Fakten dieses Buches wurden mit äußerster Sorgfalt recherchiert und geprüft. Dennoch kann eine Garantie nicht übernommen werden. Eine Haftung des Verlages für Personen-, Sach- und Vermögensschäden ist ausgeschlossen.

Redaktion: Christine Axmann
Lektorat: Bettina Bartz
Bildredaktion: Adriane Andreas
Layout: H. Bornemann Design
Umschlaggestaltung: independent Medien-Design, München
Satz: Filmsatz Schröter, München
Produktion: Markus Plötz
Repro: Fotolito Longo, Bozen
Druck: Printed in China

ISBN 978-3-8338-0784-8

1. Auflage 2007

GRÄFE UND UNZER
100 JAHRE GANSKE VERLAGSGRUPPE

Ein Unternehmen der
GANSKE VERLAGSGRUPPE